Hanna Johansen / Hildegard Müller

Es weihnachtet sehr...

...und ich bin immer noch die Katze

Die Schreibweise in diesem Buch entspricht den Regeln der neuen Rechtschreibung. Unser gesamtes lieferbares
Programm und viele andere Informationen finden Sie unter www.hanser-Literaturverlage.de
1 2 3 4 5   15 14 13 12 11
ISBN 978-3-446-23788-9
Alle Rechte vorbehalten © Carl Hanser Verlag München 2011
Umschlag, Gestaltung und Satz: Hildegard Müller Druck und Bindung: Tlačiarne BB, spol. s.r.o.
Printed in Slowakei

Hanna Johansen

Es weihnachtet sehr...

...und ich
bin immer noch die Katze

Bilder von Hildegard Müller

Carl Hanser Verlag

Die Tage werden immer kürzer
und die Nächte immer länger.
Wenn das so weitergeht,
gibt es bald gar keine Tage mehr
und nur noch Nächte.
Mir soll es recht sein, denke ich.
Ich kann auch im Dunkeln genug
sehen. Und was man nicht sehen
kann, kann man ja hören.
Und riechen.

Schlimm ist eigentlich nur, dass es so kalt ist. Ich habe es lieber warm. Richtig schön warm. Zum Glück ist es in unserer Stube richtig schön warm. Und in der Küche auch.

Aber immer nur drinnen hocken, das wird mit der Zeit langweilig.

Ich gehe also trotzdem nach draußen.

Und wenn ich richtig durchgefroren bin, springe ich aufs Fenstersims.

Sie machen mir das Fenster auf, und ich kann mich aufwärmen.

Noch schlimmer als die Kälte ist der Regen. Wasser finde ich das Letzte. Und Regen ist nichts anderes als Wasser, das vom Himmel fällt.

Gestern sind weiße Flocken vom Himmel gefallen. Die sind viel besser als Regen. Man kann sie fangen wie kleine weiße Schmetterlinge. Aber sie sind langweilig. Sie fliegen nicht weg und bleiben am Boden liegen, bis alles von einem dicken weißen Teppich zugedeckt ist.

»Weihnachten steht vor der Tür«, sagt Mama.
Was sie damit meint, ist schwer zu verstehen.
Es steht niemand vor der Tür. Ich habe nachgeschaut.

»Alle Jahre wieder«, sagt Papa.
Was soll das denn, denke ich. Er sagt oft solche Dinge, die niemand versteht. Aber das macht nichts.
Ich muss nicht alles verstehen.

Und ich? Was sage ich?
»Miauu!«, sage ich.

Dann gibt es in unserer Familie noch die beiden Großen. Sie sind natürlich viel kleiner als Mama und Papa, aber viel größer als ich. Und die sagen: »Wann kommt endlich Weihnachten?«

»Bald«, sagen Papa und Mama dann.
»Ich wünsch mir viele, viele Päckchen«, sagen die beiden Großen.
»Eins ist auch genug«, sagt Mama.
»Nein, eins ist nicht genug«, sagen die beiden Großen.
»Kriegt Ilsebill eigentlich auch ein Päckchen?«, sagt Papa.
Ilsebill, das bin ich.
»Natürlich!«, sagt Mama.

Ein Päckchen? Denke ich. Was soll ich damit?

Ich

Weihnachten steht also vor der Tür. Und ich sehe nichts davon. Dabei habe ich viel bessere Augen als die Menschen. Vielleicht ist Weihnachten unsichtbar.

Dafür sehe ich etwas anderes.

Sie bringen Tannenzweige in die Küche. Wie Vögel, die ein Nest bauen wollen. Aber sie wollen kein Nest bauen. Sie legen die Zweige auf den Tisch, und da bleiben sie liegen. Woher ich das weiß? Weil ich gern auf dem Tisch liege. Ich weiß, dass ich nicht auf dem Tisch liegen darf. Darum tue ich es nur, wenn sie es nicht sehen. Und die Tannenzweige stören mich nicht.

Wenn es dunkel wird, schalten sie die Lampe aus und
setzen sich an den Tisch. Aber es ist nicht ganz dunkel.
Auf dem Tisch brennen Lichter. Feuer auf dem Tisch!
Das darf nicht wahr sein.

»Seid ihr verrückt geworden?«, sage ich.
Natürlich verstehen sie mich nicht. Sie verstehen immer bloß
»Miauu!«, wenn ich etwas sage.
»Das ist gefährlich!«, sage ich. Und ich sage es laut.
Wieder verstehen sie bloß »Miauu«.
»Miauu, miauu«, lachen die beiden Großen. »Ilsebill will auch
Advent feiern.«

Sie müssen wirklich verrückt geworden sein. Meine Familie
ist sonst sehr vernünftig. Vielleicht liegt es daran, dass jetzt
Weihnachten vor der Tür steht.

Wasser ist das Letzte, habe ich gesagt. Aber Feuer ist schlimmer. Viel schlimmer.

Und Feuer auf dem Tisch ist nicht bloß gefährlich. Es stinkt auch. Mir tut der Gestank in der Nase weh. Ich gehe. Aber wohin? Draußen ist es zu kalt. Außerdem ist die Tür zu. Ich gehe also in die Stube. Da ist es warm.

Aber richtig gemütlich ist es in der Stube leider auch nicht, weil man das Feuer sogar dort noch riechen kann. Ich weiß nicht, wie meine Familie das aushält. Menschen sollten doch auch riechen können. Wozu haben sie sonst so große Nasen?

Ich gehe in die Küche zurück und sage: »Kann ich bitte etwas zu essen haben?«
Das verstehen sie sonst. Diesmal nicht.
»Arme Ilsebill!«, sagen sie.

Aber es dauert nie lange, bis sie wieder zur Vernunft kommen. Sie schaffen es, das Feuer auszumachen, bevor etwas Schlimmes passiert. Und ich bekomme etwas zu essen, nichts Besonderes, aber ich beklage mich nicht.

Alle freuen sich auf Weihnachten. Warum, das kann mir niemand erklären.

»Es ist doch die schönste Zeit im Jahr«, sagt Mama.

Das finde ich überhaupt nicht. Ich finde es sehr ungemütlich. Besonders in der Küche. Plötzlich haben alle in der Küche zu tun. Kein Mensch achtet auf mich, und ich muss aufpassen, dass sie mir nicht auf die Füße treten. Jede Menge Unruhe. Auf heißes Blech muss ich auch aufpassen, das immer wieder irgendwo herumsteht und komisch riecht. Und am Abend Feuer auf dem Tisch. Es ist zum Weglaufen.

Aber Weglaufen ist nicht so einfach. Draußen wird es auch ungemütlich. Durch den weißen Schneeteppich zu laufen, das hat mir gefallen. Aber jetzt ist kein Schnee mehr da. Nur noch Matsch. Und wer hat schon gern Matsch an den Füßen. Ich jedenfalls nicht. Außerdem beißt er zwischen den Zehen.

Und das nennt Mama die schönste Zeit im Jahr. Ob sie das ernst meint? Vielleicht. Menschen sind ja komische Tiere. Vielleicht ist es für sie wirklich nicht so schlimm. Außerdem ziehen sie Stiefel an, wenn sie in den Matsch rausgehen.

»Am liebsten würde ich auch Stiefel anziehen«, sage ich.
»Arme Ilsebill«, sagen sie.

Da haben sie recht. Und ich frage mich manchmal, wie das weitergehen soll, wenn es jetzt schon so schrecklich ist. Keine Sonne, immer längere Nächte, und Weihnachten steht auch noch vor der Tür. Unsichtbar, meine ich.

Aber eines Tages, wie ich wieder mal zur Haustür hinausgehe und sehen will, was draußen los ist, da habe ich Weihnachten gesehen. Es ist gar kein Mensch, wie ich gedacht hatte. Es ist ein Tannenbaum. Er steht vor der Tür an der Wand.

Was soll das denn? Denke ich. Aber ich muss nicht alles verstehen.

Ein Baum vor der Tür, denke ich. Das ist komisch. Und es wird noch komischer. Papa und Mama schleppen den Baum in die Wohnung. Sie schleppen ihn in die Stube.

»Was soll das denn?«, sage ich.
Keine Antwort.
»Bäume gehören in den Garten!«

Sie hören gar nicht zu. Sie wollen den Baum aufstellen, aber es geht nicht.

»Er ist zu groß«, sagt Mama und schaut Papa an.
»Ich muss ein Stück absägen«, sagt er.
»Genau wie letztes Jahr«, sagt Mama.

Letztes Jahr? Hat es das alles schon einmal gegeben?
Nicht, dass ich wüsste.

Papa holt eine Säge und sägt ein Stück ab.
Dann schaffen sie es, den Baum aufzustellen.
Sie setzen sich aufs Sofa, lächeln und sind glücklich.

Da steht er, ein Baum in unserer Stube.
Es sieht lächerlich aus.

»Kann ich bitte etwas zu essen haben?«, sage ich.
Und sie verstehen bloß »Miauu«.
»Dann will ich nach draußen«, sage ich und setze mich
vor die Tür. Aber die Tür wird nicht aufgemacht.

»Jetzt wird hiergeblieben«, sagt Mama. »Wir feiern
Weihnachten.«

Sollen sie doch Weihnachten feiern, denke ich. Was geht mich das an. Ich bleibe vor der Tür sitzen. Aber es hilft nichts. Die Tür bleibt zu. Ich bleibe trotzdem sitzen.

Eine Katze hat viel Geduld und kann lange sitzen bleiben. Aber irgendwann wird es dann doch zu langweilig. Ich gehe in die Stube, um mich auf die Heizung zu legen. Aber ich komme nicht bis zur Heizung. Der Tannenbaum hat sich verändert. Er ist voll von bunten Sachen, als hätte es auf ihn geschneit. Das sieht sehr interessant aus. Besonders die roten Kugeln, die vor sich hin schaukeln, die gefallen mir.

Ich schleiche mich an. Ich ducke mich. Ich warte. Warten macht Spaß. Dann springe ich. Natürlich erwische ich die Kugel beim ersten Versuch. Dann probiere ich es bei einer andern, die weiter oben hängt. Das ist schwieriger, weil man mehr Schwung braucht. Aber ich erwische sie. Ich lande mit der Kugel auf dem Teppich, wie ich mir das vorgestellt habe. Im gleichen Augenblick passiert etwas, womit ich nicht rechnen konnte. Der ganze Tannenbaum fällt um.
Ich kann mich grade noch retten.

Der Lärm ist riesig. Scherben liegen am Boden. Alle kommen herbeigerannt und schreien.

»Ilsebill!«, schreien sie. »Was hast du gemacht!«

Ich renne in die Küche und verstecke mich hinter der Tür. Das kommt davon, denke ich. Wenn man einen Baum in die Stube stellt. Im Garten fallen die Bäume nicht um. Auch nicht, wenn man raufspringt.

Schließlich schleiche ich mich aus meinem Versteck und schaue in die Stube. Sehr, sehr vorsichtig. Der Baum steht wieder an seinem Platz. Die Scherben sind aufgesammelt. Und unter dem Baum liegen viele, viele Päckchen.

Es dauert nicht lange, bis alle in die Stube kommen.
Papa, Mama und die beiden Großen.

Die beiden Großen fangen an zu streiten. »Das da ist mein Päckchen«, sagt die eine. »Nein, meins«, sagt der andere.
»Noch nicht«, sagt Mama.
»Und für Ilsebill gibt es auch ein richtiges Päckchen?«, sagen die beiden Großen.
»Natürlich«, sagt Mama.

Was soll ich damit, denke ich. Ich will kein Päckchen.
Ich will bloß, dass Weihnachten endlich vorbei ist.

Aber es kommt noch schlimmer. Papa geht zum Baum.
Und was macht er da? Ich kann es nicht fassen.
Er macht Feuer im Baum!

»Seid ihr verrückt geworden?«, sage ich.
Natürlich verstehen sie mich nicht.
»Feuer! Das ist gefährlich!«, schreie ich.
Wieder verstehen sie bloß »Miauu«.
»Miauu, miauu«, lachen die beiden Großen.
»Ilsebill will auch Weihnachten feiern.«
»Passt gut auf, dass sie nicht noch mal in den Baum springt«, sagt Mama.

Unsinn. Nichts wie weg, denke ich, in die Küche.
Aber die Stubentür ist zu.

Jetzt haben sich alle zusammen aufs Sofa gesetzt und fangen an zu singen. Auch das noch, denke ich. Wenn Menschen singen, hört sich das ziemlich lächerlich an. Aber sie können nichts dafür. Sie sind Menschen, und Menschen können nun mal nicht singen. Da könnten sie von Katzen einiges lernen. Als die Tage noch lang waren, haben draußen die Kater gesungen, das war schön. Aber das ist vorbei.

»Kann mir bitte jemand die Tür aufmachen?«, sage ich.
»Ich halte dies Gesinge nicht aus.«
Und was versteht meine Familie? »Miauu.«
Mama lacht. »Ilsebill will auch mitsingen«, sagt sie.

Ich nehme es ihr nicht übel. Sie ist nur ein Mensch. Und Menschen verstehen ziemlich viel falsch.

Geduld, Geduld, sage ich mir. Irgendwann ist jeder Gesang vorbei, und wenn es noch so lange dauert. Warten macht Spaß. Aber nicht immer. Jetzt fällt es mir schwer, Geduld zu haben, weil die Lichter auf dem Tannenbaum immer noch brennen. Und ihr Gestank tut mir in der Nase weh.

Endlich ist es so weit. Sie stehen auf. Sie fangen an, ihre Päckchen auszupacken. Mama geht in die Küche. Und die Tür bleibt offen. Endlich.

Nichts wie raus, denke ich und verstecke mich hinter der Küchentür. Wie schön es ist in der Küche! So still. Und so wunderbar frische Luft. Nichts von brennenden Kerzen. Ich atme auf. Und wie es duftet! Viel besser als sonst. Kann das sein? Rieche ich Lachs? Lachs ist mein Lieblingsgeruch. Aber er ist selten. Ich springe auf den Tisch, um zu sehen, woher dieser wunderbare Geruch kommt.

Und was sehe ich da? Ein paar Schüsseln mit
Essen, wie meine Familie es gern hat. Und
mittendrin ein großer weißer Teller mit rosa Lachs.
Ich kann es nicht fassen.
Das muss mein Weihnachtspäckchen sein, denke ich.
Auch wenn es nicht so aussieht wie die andern Päckchen.
Und auf den Tisch hätten sie es auch nicht stellen müssen.

Wie gut er schmeckt, dieser Lachs!
Ich glaube, so viel habe ich
noch nie gefressen.

»Wo ist eigentlich Ilsebill?«, höre ich Mama in der Stube rufen. »Sie soll jetzt auch ihr Päckchen haben.«

Und schon steht sie in der Küche.

»Nein!«, ruft sie. »Nein, nein, nein!«

Ich weiß, was das heißt. Und ich weiß auch, dass ich nur auf den Küchentisch darf, wenn sie es nicht sehen. Nichts wie weg, denke ich. So schnell wie möglich. Am besten verstecke ich mich im Schlafzimmer. Mama wird sich wieder beruhigen. Ich kenne sie.

Weihnachten ist doch nicht so schlimm, wie ich dachte.
Von mir aus könnte jeden Tag Weihnachten sein.

Hanna Johansen, geboren 1939 in Bremen, lebt als freie Schriftstellerin in Zürich. Sie schreibt für Erwachsene und Kinder und wurde vielfach ausgezeichnet, so mit dem Schweizer Jugendliteraturpreis. Im Jahr 2000 wurde sie für den Hans-Christian-Andersen-Preis nominiert. Im Hanser Kinderbuch erschienen die Bilderbücher *Der Füsch* und *Bist du schon wach?*, beide illustriert von Rotraut Susanne Berner, und zuletzt *Wenn ich ein Vöglein wär* und der Bestseller *Ich bin hier nur die Katze*.

Hildegard Müller, geboren 1957, lebt als Grafikdesignerin, Illustratorin und Autorin in Mainz und in Loquard. Für ihre Bilderbücher wurde sie mehrfach ausgezeichnet. Für das Hanser Kinderbuch illustrierte und gestaltete sie, neben Büchern von Christoph Biemann, Peter Maiwald und Eirik Newth, auch *Wenn ich ein Vöglein wär* und Hanna Johansens erstes Buch über Ilsebill, die Katze, die sich ihre ganz eigenen Gedanken über die Menschen und ihre seltsamen Gewohnheiten macht.